AF430194

Reinaldo Rodríguez Anzola

NO-SABER
Epifanía de la vida

NO-SABER
Epifanía de la vida
©Reinaldo Rodríguez Anzola
2020

rey253@hotmail.com
viviressuficiente@gmail.com
aceptoeldevenir@gmail.com
@RodriguezAnzola
@SobrelaVida
Reinaldorodriguez@facebook.com
reinaldorodriguez.blogspot.com

Contenido

**A mis anfitriones
y compañeros de viaje**

Keyhla García y Eduardo
Sánchez
Shannah y Zoie Sánchez García
Connie Sánchez
Milaiza Ruiz y Robert Machado
Andrea y Luis Alfonzo Machado
Ruiz
Bellatriz Campos y Saulo
Rodríguez
Adrián y Pablo Rodríguez
Campos
Norka Anzola y Miguel García
Irma Carolina Rodríguez de Ruiz
Juan Andrés y Daniela Ruiz
Rodríguez

Este libro se comenzó a escribir en el Aeropuerto Las Américas en Santo Domingo, se continuó en Fort Lauderdale en Miami, La Guardia en Nueva York y Orlando, vía a los hogares de mis anfitriones antes citados. A Ellos mi agradecimiento y cariño. Gracias igualmente a Oswaldo Ruiz quien hizo de cocinero, chofer e intérprete. Esta pequeña obra se finaliza el 11 de septiembre de 2016, previo al regreso a Venezuela.

Introducción

Nadie sabe qué es la vida, es la verdad más importante. No saber favorece la vida plena. Si no sabes y eres curioso, te asombras.

Fluyes con la vida que es enigma.

La vida es más que tu ego. Tú eres vida y si la aceptas, con sus horrores e incertidumbres, la felicidad y la sabiduría afloran.

Nadie sabe. No hay nada que saber. La persona no existe. Felicidad y sabiduría son hechos que suceden, sin buscarlos.

No-saber es verdad y "la verdad libera", dijo Jesús. En la presencia silenciosa está la epifanía de la vida.

Sócrates:
Hasta ahora no he
podido conocerme a
mí mismo.

Platón:
Sólo alguien que en
el fondo sabe
puede asombrarse
por no saber.

Walt Whitman:

Reality is stranger
than fiction.

La realidad es más
extraña que la
ficción.

La verdad es una tierra sin caminos
Conversación con José Pulido

Tener amigos sabios, verdaderamente sabios, es un privilegio. En mi país me regalaron el placer y el honor de conocer a varios sabios que hoy ya no están, pero sus obras continúan viviendo con nosotros y sirviendo de esperanza.

Las obras de los sabios se convierten en firme esperanza porque quienes sobreviven a las destrucciones cíclicas de lo civilizado, pueden usar esas creaciones de verdad fulgurante como ejemplos para reiniciar con acierto y calidad una reconstrucción.

Reinaldo Rodríguez Anzola es uno de los amigos sabios que aun respiran y por eso lo cuido mucho, espiritualmente hablando. No lo veo desde que vivía en Bello Monte y nos encontrábamos todas las semanas para conversar.

Él sigue en Caracas, luchando a brazo partido con el monstruo de las mil cabezas, pero sin quejarse. Lo único que hace es ofrecer sus libros. Hay días en que dice "Los pueden leer gratis esta semana". Sus libros están suspendidos en esos estantes virtuales que ya son como una catástrofe universal.

Reinaldo nunca se ha sometido a la pereza ni al desaliento: es un montañista que ha desafiado alturas

diversas y ha sido también
peregrino de largas rutas.
Una de sus devociones -
completamente justificada y
compartida por miles de
lectores- es la poesía de
Rafael Cadenas, amigo y
paisano suyo. Para que
conozcan más
profundamente quién es
Reinaldo, debo contarles un
secreto: él ha donado su
cuerpo a la Escuela de
Medicina de la UCV. Quiere
ser útil hasta el último
momento. Es un ser humano
desprendido. Ojalá que la
universidad permanezca a
pesar de todo, se mantenga
activa y siga formando
médicos. Deseo que Reinaldo
viva muchos años más. Sus
libros seguirán buscando
lectores a lo largo y ancho de
los días y de los tiempos.

Hablando con Reinaldo-
¿Cuántos libros has escrito?-

Son más de treinta. Conoces mis dos libros en ediciones tradicionales de autor, con temas sobre el enigma de ser. Aprovechando las facilidades de Amazon, primero publiqué libros electrónicos en formato Kindle. Años después comencé a publicarlos también en papel. Algunos de mis libros son muy cortos, como las cien frases que componen Razones para ser feliz, que tuvo un prólogo de tu autoría que me gusta mucho y complementa algunas de las cosas que quise decir. Luego, ese mismo libro fue traducido a tres idiomas y ha sido editado en dos y en cuatro lenguas.

También he editado libros del amigo ya fallecido Jesús Enrique Barrios y, en forma conjunta con otros autores,

la obra Rafael Cadenas
Poesía y destino, que
comenzó con tres y ya somos
diecinueve autores. Entonces,
seguramente, he abusado y
me excuso con el dicho de
Rafael Cadenas: "Uno no
elige, los hechos nos llevan.
Las cosas van madurando
hasta darse."

-¿Cómo los vendes y
distribuyes?
-Con los primeros, tuve la
experiencia de tener ediciones
de autor, en los cuales hice
de todo, incluyendo la
distribución y
comercialización. No es algo
para recomendar, pero me
permitió conocer varios
buenos libreros, visitar
librerías, hacer
presentaciones, aceptar
entrevistas y conocer otros
autores y, al final, resultó
satisfactorio.

Por supuesto, todo eso cambió con Amazon y la promoción ahora es fundamentalmente por las redes.

-¿Qué filósofos te influyen más?
-Mis influencias surgen de una gran curiosidad por la vida misma y el enigma de ser. Esa inquietud por la vida en general no deja, conscientemente, nada por fuera. Y para no errar el camino, siento la necesidad de tener como referentes a pensadores de todas las disciplinas. Y en ese sentido me parecen útiles las enseñanzas de quienes la humanidad ha tenido como sabios.

Mi recomendación es hacer una lista con sabios de varias disciplinas. La mía está formada por filósofos, científicos, místicos y pensadores como Ciorán, Montaigne, Rafael Cadenas, Eckhart Tolle, Jeff Foster, entre tantos otros. No recomiendo quedarse con un solo maestro, ni tampoco ir detrás de muchos ni olvidar a los místicos.

-¿Qué temas conversas con Rafael?
-Me hice amigo de Rafael Cadenas a través de mis libros. Y mi mayor satisfacción ha sido la de encontrar afinidad en nuestra manera de ver la vida. Los temas que abordo con Rafael giran alrededor del problema del yo o ego, la ignorancia fundamental y el misterio de todo. Y, además de las inquietudes por la terrible situación del país, compartimos lecturas y nos

interrogamos mutuamente
sobre cuestiones científicas,
filosóficas y místicas. A
ambos nos interesan los
libros de Nisargadatta
Maharaj, Ramesh Balsekar,
Tony Parsons, Jan Kersschot,
por citar a algunos de los
menos conocidos.

-¿Sigues escalando
montañas?
-En la vida hay etapas y llegó
el final de mi vida de
montañista, por varias
razones, entre ellas: que el
goce por el gran esfuerzo de
ascensos exigentes ya no era
el mismo. Queda la
posibilidad de paseos cortos,
como los 6 u 8 kilómetros del
corta fuego en El Ávila, esa
maravilla de Caracas.

-¿Qué ha cambiado en tu
vida desde que Venezuela

comenzó a deteriorarse?
-Como ha coincidido con mi
edad avanzada, no todos los
cambios puedo achacárselos
a la afligida Venezuela. Pero,
es cierto, hay dificultades
económicas y un ambiente
enrarecido que tienden a
envilecer todo. No obstante,
la vida cultural se ha
reactivado algo, en cuanto a
charlas, presentación de
libros y homenajes. Han sido
significativas en ese sentido
las actividades de la Poeteca
de Caracas, cuya reubicación
al lado del Centro Comercial
Plaza, facilita su acceso.

-¿Qué añoras?
-No añoro nada, acepto todo.
Es extraño, pero algunos
hemos tenido la dicha de
salirnos de la identificación
con la historia personal.
Seguramente, hay aspectos
que no conozco,
sentimientos, pasiones,

éxtasis que no he vivido o pertenecen al pasado. Lo que quiero trasmitir es la gran diferencia que para mí ha significado comprender la ilusión del yo, trascender la prisión del pensamiento y quedarme con la vida, tal como es. La acepto con sus horrores, crueldades, maldades, penas e incertidumbres. La aceptación es decirle sí a la vida. Y esa aceptación total deja sin palabras, porque trasciende a la mente. La aceptación significa un despertar frente al misterio de la existencia, cuando todo deja de ser ordinario y se hace extraordinario, sin que pueda explicarse.

"No hay diferencia entre lo ordinario y lo extraordinario" nos recuerda el poeta Rafael

Cadenas. Y agrega:
"El espíritu es cosa
desarmada". "Sólo si no te
juzgas, puedes hacer
transacciones con tu
sombra".

-La vida como venga, dicen
los gitanos...
-La vida es más que el ego.
Todos somos vida y, al
aceptarla, cierta felicidad y
sabiduría afloran. Son hechos
que suceden sin buscarlos.
Presencio el milagro y la
maravilla de estar vivo, en
cualquier condición y no dejo
de reírme de mí mismo.

Cuando me preguntan sobre
mi vida y mis ideas, me gusta
recordar que lo más
maravilloso del vivir está en
la conciencia de existir,
teniendo presente el
inconmensurable misterio de
la vida.

La identificación con el yo o ego, es el único impedimento para gozar la plenitud de la vida que está en cada instante.

Conocí el paraíso, no lo recuerdo porque no había yo. Duró poco, digamos dos años. Todo ser humano pasó por allí, porque todos fuimos niños y podemos presumir que había cierta felicidad.

-Pero te he conocido peleando por una idea...
-Durante algo más de veinte años me identifiqué con una historia personal llamada Reinaldo, tuve sueños, y pensé en cosas grandes. Quise saber y aprendí más preguntas.

Por un tiempo fui un católico practicante, recuerdo la

mística cristiana cuando en
los retiros espirituales se
llega a considerar la
posibilidad del sacerdocio.
Por breve tiempo fui creyente,
ateo, militante de izquierda,
materialista, idealista. Ahora,
espero estar por siempre
alejado de rótulos y
conceptos o doctrinas.

En mi juventud llegó a mis
manos un libro de
Krishnamurti que puso en
dudas todas esas ideas. Fue
oportuno porque evitó que
terminara en las guerrillas,
en la ideología comunista o
en cualquier otro fanatismo.

En mi caso, todo ha girado
alrededor del concepto de yo,
ese ego que te lleva a la
ilusión de saber algo. Desde
entonces mi vida siguió el
curso de los mejores cuarenta
años democráticos que ha
tenido Venezuela.

Siendo pobre, viví como rico, viajé bastante, me casé varias veces, compré muchos libros. He tenido una linda familia, con hijos maravillosos, y escalé montañas interesantes.

-Has hablado en tus libros sobre la felicidad...
-He tenido la experiencia de no sentirme separado de nada. En mi libro A La luz de la sabiduría comencé diciendo que la única razón para escribirlo era ser feliz. Reconocía no tener méritos para hablar de felicidad, por cuanto toda mi vida había sido fácil, nunca estuve desempleado, sin pareja, sin viajes, con estrechez económica, ni con más problemas que los inevitables.

Ahora, próximo a morir, ya puedo hablar de la felicidad con propiedad. Heme aquí viviendo en el infierno en Venezuela. Un país destruido, gobernado por la maldad pura y dura. Donde imperan las miserias humanas y hay muerte (por hambre, enfermedad, delincuencia o abandono) y, si se sobrevive, es para una cotidianidad envilecida, sin calidad y sin futuro. Y con buena parte de la familia y amigos desperdigados por el mundo, poniéndose a salvo de la tiranía.

-¿Crees en Dios?
-No creo en dioses personales. Toda identificación con cualquier idea es fantasía.

No hay certezas. Las creencias no tienen importancia. Y, a pesar de mis circunstancias actuales, la vida es maravillosa. No existen caminos y, al final, nada importa. Lo que diga vale poco porque cada quien tiene que hacerse su propio camino y de alguna manera todos son válidos.

Nadie sabe con certeza lo que vive otro ser humano. Se comienza siendo todo, sin fisuras. Luego viene la etapa de las ilusiones, de la identificación con las ideas, los proyectos, los aparentes logros, las separaciones y desengaños y, al final de la existencia, todo se reduce a quedarse con la vida, allí está todo. A las ideas, déjalas pasar, lo importante no es el pensamiento. Vivir es suficiente.

-¿Hay un camino correcto?
-La sabiduría sería la meta, y la filosofía el camino. Y la meta se reconoce por una vida más lúcida, más sabia, más feliz. La sabiduría y la felicidad están más allá de la mente, están en lo-que-es, no en las interpretaciones. Todo animal humano tiene que ir armando su propio rompecabezas porque la verdad es el camino y no la meta.

Hay claves para saber si se está en el camino correcto. La sabiduría y la felicidad van juntas. La sabiduría está al lado del gozo, de la paz interior, del amor, de la acción, de la vida, que son componentes de la felicidad.

Lo que digo está lleno de contradicciones por ser inevitable utilizar conceptos y la verdad está más allá de las ideas. Hablo de camino, pero la verdad es una tierra sin caminos. No somos la persona que creemos ser. Más cuestionable resulta afirmar que todo es Dios o Conciencia ¿No sería acaso el mismo engaño, a otro nivel?

Para lo inefable usamos varias palabras: Dios, Conciencia, Absoluto, Fuente, Ser, Uno, entre otras. Ponerle nombre a lo desconocido hace creer que lo conocemos.

-Dices que hay que vivir, pero al mismo tiempo parece tan difícil vivir sin involucrarse en otras cosas...

-Es relativamente fácil demostrar que la persona es sólo un concepto. Ahora, el organismo mente-cuerpo sí está involucrado, sí está implicado, y forma parte de la enigmática trama de la vida. La complejidad del vivir radica en que estamos programados para ver opciones y hacer lo mejor posible, mediante la ficción del yo como supuesto hacedor.

La vida y la muerte no son dadas, son un proceso. El animal que somos es "algo" que no sabemos qué es. Dejemos a un lado las afirmaciones y aceptemos no saber. Por lo dicho, se tiende a justificar cierto nihilismo o pasividad. Es mejor distanciarse de esas conclusiones, contrarias y no acordes con la dinámica y la "alegría" intrínsecas a la vida.

Aceptemos las contradicciones. Ellas surgen porque, desde lo real, no hay un yo como ente separado. Y, desde la mente, habla un yo. Todo radica en identificamos o no con el ego. Dependiendo de esa identificación surgen dos mundos.

-¿Cuáles son esos mundos?
-Si despertamos vemos un mundo real desconocido. Si seguimos dormidos vivimos en un mundo irreal, conocido y aceptado por la mayoría.

NO-SABER

-1-

Nadie sabe
qué es la vida

-2-

No saber
es la verdad
más importante

-3-

No saber
favorece la vida plena

-4-

No saber nos hace
humildes y curiosos

-5-

Si no sabes
y eres curioso:
te asombras

-6-

Nadie sabe ni
sabrá las verdades
últimas de la vida

-7-

Si no hay verdades
últimas, ¿tiene
sentido buscarlas?

-8-

Si nadie sabe
¿por qué
seguir a otros?

-9-

No luches con la
vida,
fluye con ella

-10-

Tienes opiniones,
pero
¿por qué identificarte
con ellas?

-11-

No identificarse
es liberador

-12-

Sin identificación
te ríes de ti mismo

-13-

La vida fluye,
no la perturbes

-14-

Si fluyes
con la vida
eres feliz

-15-

Fluir con la vida
es sabiduría

-16-

Eres uno
con la vida,
¡acéptalo!

-17-

La vida
es más importante
qué tú,
aunque
el ego se resista

-18-

El yo
no tiene vida propia,
es creado
por la mente

-19-

El ego
es manifestación
de la vida,
¡obsérvalo!

-20-

El yo y la vida
no están divididos,
pero los vemos
separados

-21-

A través del yo
la vida
toma conciencia
de sí misma

-22-

El ego
es manifestación
del verdadero Yo

-23-

La vida existe
sin los yoes
de la mente

-24-

Los pensamientos
existen,
son manifestaciones
del cuerpo

-25-

El humano ve
todo separado,
aunque todo está
relacionado

-26-

Todo está
entrelazado

-27-

La naturaleza,
la vida
y la conciencia
no están
separadas

-28-

No vemos
la unidad
de la vida, formamos
parte de ella

-29-

Sin la ilusión
de separación
la persona
no existiría

-30-

Las separaciones
son ilusorias, pero
las ilusiones
existen

-31-

Las ilusiones
son vitales

-32-

Vemos dualidades
aun siendo
ilusiones

-33-

Nadie sabe.
No hay nada
que saber.
La persona
no existe.
Pero lo olvidamos

-34-

Los pensamientos
son
interpretaciones
de la desconocida
realidad

-35-

Toda opinión
divide,
excluye
y tiende
a ser prisión

-36-

No saber es verdad
y "la verdad libera"
dijo Jesús

-37-

Ríete de ti mismo
y la dicha
no tendrá fin
dice el proverbio

-38-

La vida
es demasiado
misteriosa
para tomarla
en serio

-39-

Prevalece
la estupidez.
Así será siempre

-40-

Si la verdad existe
está lejos
de todo
extremismo

-41-

Toda ideología
es prisión,
evita todo ismo

-42-

Capitalismo-
socialismo,
izquierda-derecha,
conservador-liberal,
¿no es mejor el punto
medio?

-43-

Importan
más los hechos
que las creencias

-44-

Ser ciudadano
del mundo
es la mejor
ciudadanía

-45-

Dijo Einstein:
"Ser feliz
contribuye
a que la vida
sea más noble
y más hermosa",
y yo pregunto:
¿no es razón
suficiente?

-46-

Nacer y morir
son conceptos
y los conceptos
son invenciones
de la mente

-47-

Acepta la vida
tal como es,
no puedes
cambiarla

-48-

Si la sabiduría
existe
es de la vida:
no tuya

-49-

La vida
merece vivirla
tal cual es

-50-

Eres feliz ahora
y nunca después

-51-

Vivir basta
para ser feliz

-52-

La vida importa
más que todos
sus contenidos

-53-

¡Ser feliz ya!
No hay otra
oportunidad

-54-

Nada busco.
Nada temo.
Estoy tranquilo.
Nada espero
¿Habrá mayor
dicha?

-55-

No juzgues,
¡observa!

-56-

Pensar menos
y observar más

-57-

Como la fotografía,
el pensamiento
interfiere
el devenir

-58-

La vida cambia,
no puedes
impedirlo

-59-

La vida
es tal como es,
siempre

-60-

¡Vive!
Fluye con la vida

-61-

La vida
no acepta definiciones.
Vive y ya

-62-

La vida
es un paseo
o una fiesta
¡escoge!

-63-

El niño no sabe,
juega y goza.
Nosotros creemos
saber y dejamos de
jugar y gozar

-64-

Aún prevalece
el pensamiento,
mañana será
el silencio

-65-

Fuera
del pensamiento
no hay verdad,
ni belleza,
ni moral,
ni espiritualidad

-66-

La espiritualidad
de la vida
siempre
es consciente

-67-

Apenas conocemos
las interpretaciones
y nunca
la realidad

-68-

Amor, belleza,
moral y verdad
son manifestaciones
del espíritu

-69-

No sabemos
lo que es
la espiritualidad,
pero ahí está

-70-

La espiritualidad
es silenciosa
y lo que digas
es vanidad

-71-

¿Acaso hay conciencia
sin pensamiento?

-72-

La espiritualidad
trasciende
el pensamiento

-73-

Vivir es la clave.
Sustituye
a Dios por vida
y entenderás

-74-

Pretendemos
definir
lo que
desconocemos

-75-

No busques
la espiritualidad.
¡Vívela!

-76-

Lo que favorece
a la vida
es bueno y bello

-77-

La verdad
está más allá
de la palabra.
Lo que digas
no es verdad

-78-

El pensamiento
es opinión
y toda opinión
es ficción

-79-

Las ilusiones
nos constituyen

-80-

Las ilusiones
surgen
con la palabra

-81-

Con ilusiones
creamos el mundo

-82-

La persona
y el mundo
son invenciones

-83-

Para vivir
en sociedad
creamos historias

-84-

Las historias
son necesarias,
aunque
no sean reales

-85-

La realidad son
los hechos.
No las opiniones

-86-

Quédate
con los hechos
y no con opiniones

-87-

La vida
es un hecho
y no
una interpretación

-88-

La espiritualidad
fluye con la vida
La espiritualidad
fluye con la vida

-89-

Quédate
con la religiosidad
de la vida

-90-

La espiritualidad
es la vida misma

-91-

No sabemos
qué es la vida,
aunque
las religiones
pretendan explicarla

-92-

Si puedes decir:
no sé,
la vida es mejor

-93-

Sugería Goethe:
no te olvides
de vivir

-94-

Plenitud
es ser uno
con la vida

-95-

Ser uno
con la vida
es trascender
el pensamiento

-96-

Las ideas existen,
sin ser verdades
últimas

-97-

No luches
con el pensamiento,
trasciéndelo

-98-

Aunque
el pensamiento
es dualista
la vida es una sola

-99-

Trascender
el pensamiento
es vivir la totalidad
de la vida

-100-

Trascender
el pensamiento
es realización personal

-101-

Trascender
el pensamiento
es un hecho

-102-

Estamos
condenados
a barruntar
verdades

-103-

Las palabras Ser
y Dios
son ropajes
del misterio

-104-

No sabemos
qué somos
pero intuimos
ser algo

-105-

¿Pretendemos ser
la medida
de todas
las cosas?

-106-

Nuestra esencia
es inasible

-107-

El pensamiento
oculta el misterio

-108-

La verdad aflora
cuando
el pensamiento cesa

-109-

Todo es misterio

-110-

Es evidente
nuestra
radical ignorancia

-111-

Creemos ser "algo"
sin saber
qué es algo

-112-

Somos enigma

-113-

¿Quién pudiera
conocer
la realidad?

-114-

Existe el animal
que somos
y no la persona

-115-

Somos átomos,
energía,
persona,
bla, bla, bla:
nada

-116-

Sin pensamiento
no hay nada

-117-

Nacemos
sin ser persona

-118-

Sin lenguaje
la persona
no existe

-119-

La cultura crea
a la persona
y la persona
crea cultura

-120-

Sólo existe
el ahora

-121-

Somos sujeto
y objeto

-122-

Todos somos,
pero no todos
vivimos
desde
la ignorancia

-123-

No sé
es la respuesta.
¿Cuál es
la pregunta?

-124-

La vida es devenir,
incertidumbre,
enigma

-125-

El qué, Lo-Que-Es,
siempre se escapa

-126-

Si todo viene
de la naturaleza
nada es nuestro

-127-

Si no estamos
fuera
somos el universo

-128-

La mente y
lo infinito
no compaginan

-129-

Lo que nace y
muere
es la persona

-130-

Al animal
que somos
se le llama Ser
y a su origen
se le dice Dios

-131-

Sin conocerla
la vida es evidente

-132-

Ser es "algo"
aunque
no sabemos
qué es algo
ni qué es Ser

-133-

Somos
lo desconocido

-134-

Somos hechos
y no hacedores

-135-

Somos devenir.
No una conjetura

-136-

La realidad
se revela
en el silencio

-137-

Es necesario callar
para que la vida
se revele

-138-

Vivir es suficiente

-139-

¡Despierta!
Que cesen
las ideas
para que
el despertar suceda

-140-

¡DESPIERTATE!
Eres todo lo que
puedes ser

Epílogo

Con no-saber
surge la epifanía
de lo sagrado

Nuestras
vanidades dan risa
¡Despierta!

¡Observa!
eres el mundo
cuando el
pensamiento cesa

La incertidumbre
es liberación.

¡Despiértate!:
la verdad no está
en las palabras

No eres
lo que crees ser
ni sabes
lo que crees saber

Vivamos
la incertidumbre
en la cotidianidad

No saber
que se sabe
y que puedes
ser feliz
son requisitos
para ser sabio
y feliz

Rafael Cadenas:
"Florecemos en un abismo"

Solicitud

Amiga o amigo
lector, agradezco tu
comentario,
en amazon,
al lado del libro
o enviado a mis correos:
viviressuficiente@gmail.com
o rey253@hotmail.com.

Autores consultados

Este libro tiene influencia de Heráclito, Parménides, Krishnamurti, Laotse, Buda, Sócrates, Einstein, Ramana Maharshi, Osho, Nisargadatta Maharaj, Ramesh Balsekar, Platón, Aristóteles, Descartes, Kant, Nietzsche, Wittgenstein, Comte-Sponville, Heidegger, Shopenhauer, Cioran, Montaigne, Rafael Cadenas, Eckhart Tolle, Jeff Foster, entre otros. Igualmente, tiene aportes filosóficos y poéticos de Jesús Enrique Barrios y Florencio Sánchez.

Sobre el autor

Reinaldo Rodríguez Anzola
ha investigado cuestiones
filosóficas, científicas y
místicas. Es lector,
observador, amante y
peregrino. Tiene cinco
hijos y vive en Caracas.

Otros libros del autor

La vida un misterio
tremendamente hermoso
¡Qué vaina tan buena es vivir!
ISBN:980-12-0853-8 (agotado)
Prólogo de Jorge Portilla
¡DISFRUTA AHORA!
Es más tarde de lo que piensas
–A la luz de la sabiduría
de Einstein y Rafael Cadenas–
amazon.com/dp/b00ds76c04
Papel ISBN: 9781973534631
Prólogo de Jesús Enrique Barrios
Palabras de Rafael Cadenas
A la luz de la sabiduría
amazon.com/dp/b00Fi7LPFE
Papel ISBN: 9781973452560
Prólogo de Jorge Portilla
Presentación de Rafael Cadenas
Palabras de José pulido
Vivir y nada más
amazon.com/dp/b00gazork8
Papel ISBN: 9781980417392
Prólogo de Jorge Portilla
Razones para ser feliz
¡Cómo lograrlo!
amazon.com/dp/b00h3wyt8w
Prólogo de José Pulido
Papel ISBN: 9781973250449

Tú no existes
amazon.com/dp/b00hwm712o
Prólogo de Bill Quik
Papel ISBN: 9781720010098
Vida y Conciencia
amazon.com/dp/b00i5pbh6i
Papel ISBN: 9781720195986
¿Qué somos?
amazon.com/dp/b00ijb8lus
¿Sabemos algo?
amazon.com/dp/b00ig6fn3E
Papel ISBN: 9781724116376
¿Somos libres?
amazon.com/dp/b00iopsgmc
"ESO", Lo-Que-Es,
Lo-Que-somos
amazon.com/dp/B00I5PBH6I
Pensamiento y silencio
amazon.com/dp/b00Lfq7dbw
¡Despiértate!
La vida es una fiesta
o un paseo ¡escoge!
amazon.com/dp/b00muz7yji
Vida y Muerte
amazon.com/dp/b00oijns5s
Reasons to be happy
How to achieve it!
amazon.com/dp/b00ty4kw7e
Inglés / Español
Prologue: José Pulido

Ragioni per essere felici
Come riuscirci!!
amazon.com/dp/B00qnw1r2o
Italiano / español
Palabras de José Pulido:
Reinaldo e la felicità
¿Pretendes ser feliz?
La felicidad en 7 capítulos
amazon.com/dp/b00vghzwr2
Papel ISBN: 9781976948411
A....Z infinito de la vida
amazon.com/dp/b01326y5pe
Vida Plena
amazon.com/dp/b01bpxuy56
Vivir Amar Gozar y Reír
El goce es sutil y frágil
amazon.com/dp/b015wmbeua
Amar ...colma de gozo
amazon.com/dp/b01cwl9m1a
You do not exist
Bilingual English-Español
amazon.com/dp/b01abhgk5a
Being happy
English-Deutsch-Italiano-español
amazon.com/dp/B01B336ox4
Papel ISBN 1549825445
La vida tal como es
amazon.com/dp/B01EOLZTE6
GRÜNDE ZUM GLÜCKLICHSEIN
Wie erreicht man das!
amazon.com/dp/B0169P75ZM

Traducción al alemán:
Herlinda Stockner
Papel ISBN: 9781719954921
¿Sabes Vivir?
amazon.com/dp/B01FLERNMC
Si Dios existiera
amazon.com/dp/B01hc5i9ps
Prólogo de Jorge Portilla
Papel ISBN: 9781977049933
Incertidumbres
amazon.com/dp/B01ICKV9H2
No-Saber
amazon.com/dp/ B01LWZOI20
Espiritualidad
amazon.com/dp/B01N3R0WUM
Verdades
No sabemos y la verdad libera
amazon.com/dp/B01NA9HJQC
Papel ISBN: 9781973250449
Asertos y Preguntas
amazon.com/dp/B01N9JT35N
Truths?
¿Verdades?
amazon.com/dp/B01MTGH4PO
Inteligencia para vivir mejor
amazon.com/dp/B06XCF815Z
Ser - Presencia
amazon.com/dp/B07283HFST
Papel ISBN 9781521446485
Prólogo de Jorge Portilla

¡Asómbrate!
Somos enigmas
amazon.com/dp/B073YM7YN8
Papel ISBN 9781521871447
Prólogo de Jorge Portilla
Ilusión - Presencia
amazon.com/dp/B077PVLRM7
Papel ISBN 9781973369431
DIOS – Habladurías
amazon.com/dp/B06WRRXJVQ
Papel ISBN 9781520599144
Prólogo de Jorge Portilla
Intelligence
amazon.com/dp/B075PKY61Y
Papel ISBN 9781549765605
Realidad - Presencia
amazon.com/dp/B079Z2FXWM
Papel ISBN 1980671346
Rafael Cadenas
amazon.com/dp/B079T1BQ1V
Papel ISBN: 9781718178748
Prólogo de Freddy Castillo Castellanos
Presencia
Ser-Ilusión-Realidad
amazon.com/dp/B07ckl5wjh
Prólogo de Jorge Portilla
Presencia no-dual
amazon.com/dp/B07CZV36Q5
Prólogo de Jorge Portilla
Papel ISBN: 9781723833304

¿Qué somos? ¿Somos libres?
¿Ser polvo sideral no es, además,
poético?
amazon.com/dp/B07JD7FBH4
Papel ISBN: 9781728817163
Felicidad y Sabiduría
Si lo dudas mira a un niño
amazon.com/dp/B01EOLZTE6
A cada momento
Mi destino se aleja de mí
Jesús Enrique Barrios
amazon.com/dp/B07W8NW453
Algo más
La poesía concede maravillas
Jesús Enrique Barrios
amazon.com/dp/b07WLTL9G8
La misma confusión
Así te vivo
Jesús Enrique Barrios
amazon.com/dp/B07WKJLHG8M
Momentículas
Jesús Enrique Barrios
Reflexión poética filosófica de una vida
pensada y sentida a plenitud
amazon.com/dp/B07G7CBP31

www.ingramcontent.com/pod-product-compliance
Lightning Source LLC
Chambersburg PA
CBHW031433150726
47989CB00002B/923